AF371018

CATALOGUE
DES LIVRES

COMPOSANT LA BIBLIOTHÈQUE

DE M. LE COMTE DE B***

Théologie, Sciences politiques, Beaux-arts, Peinture, Ouvrages à
figures, Belles-lettres, Théâtre, Contes, Polygraphes,
Collections sur l'histoire de France, Histoire et Voyages,

DONT LA VENTE AURA LIEU

LE MARDI 7 AOUT 1860 ET JOURS SUIVANTS

à 7 heures et demie du soir très-précises

Rue des Bons-Enfants, 28, maison SYLVESTRE

SALLE N° 2, AU PREMIER

Par le ministère de Me J. BOULLAND, commissaire-priseur

18, RUE DE LA MONNAIE.

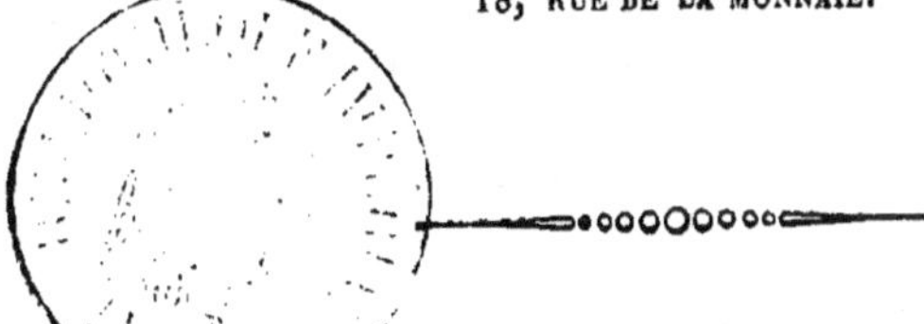

PARIS

ANCIENNE MAISON SYLVESTRE

CAMERLINCK, libraire (successeur)

RUE DES BONS-ENFANTS, 28.

1860

ORDRE DES VACATIONS

1re VACATION. — Mardi 7 août, du numero 1 à 123.

2e VACATION. — Mercredi 8 août, du numéro 124 à 282.

3e VACATION. — Jeudi 9 août, du numéro 283 à 412.

On vendra des lots à la fin de chaque vacation.

CONDITIONS DE LA VENTE

Il y aura chaque jour de vente exposition de 1 à 3 heures.

Les livres vendus devront être collationnés sur place. Une fois sortis de la salle de vente, ils ne seront repris pour aucune cause.

Les ouvrages qui se trouveront incomplets ou atteints de graves défectuosités seront revendus. Les acquéreurs payeront, en sus du prix d'adjudication, 5 centimes par franc, applicables aux frais.

M. CAMERLINCK, libraire, chargé de la vente, remplira les commissions des personnes qui ne pourraient y assister.

(Affranchir.)

Paris.—Typ. de A. Pillet fils aîné, rue des Grands-Augustins, 5.

CATALOGUE
DES LIVRES

COMPOSANT LA BIBLIOTHÈQUE

DE M. LE COMTE DE B***

THÉOLOGIE ET HISTOIRE DES RELIGIONS

1. Augustin (Les Confessions de S.). Trad. p. d'Andilly. A. *Paris*, 1676, in-8, rel. v.

2. Beausobre (de). Hist. de Manichée et du Manichéisme, *Amsterdam*, 1739, 2 vol. in-4, rel. v.

3. Berruyer (J. S.). Hist. du peuple de Dieu. *Paris*, 1738, 8 vol. in-4, rel. v.

4. Bossuet (Histoire de J. B.). *Versailles*, Lebel, 1814, 4 vol. in-8, rel. port.

5. Du même (OEuvres). Revues sur les manuscrits originaux et les éditions les plus correctes. *Versailles*, Lebel, 1815-19, 43 v. in-8, dem. rel., port. (Bel exemplaire.)

6. Bourdaloue (OEuv. du P.). *Paris*, 1726, 15 vol. in-12, rel. v.

7. Charancy (de). Catéchisme de Montpellier, *Saint-Brieuc*, 1829, 5 vol. in-12, rel. v.

8. Fénélon (OEuv. compl. de). *Paris*, Briand, 1810, 10 vol. in-8, rel. bas.

9. Flavius (OEuvres complètes de Joseph), avec notes par Buchon. *Paris*, Société du Panthéon, 1842, gr. in-8, dem. rel. mar.

10. Frayssinous (Défense du christianisme par). *Paris*, 1846, 3 vol. in-12, dem. rel.

11. Genoude (Sainte Bible en latin et en français, par de). *Paris*, Pourrat, 1838, 5 vol. in-4 br., jol. fig.

12. Kasimirski. Le Koran. *Paris*, Charpentier, 1841, in-12, dem. rel.

13. Mainbourg. Hist. véritable du calvinisme. *Amsterdam*, 1683, in-18, cart.

14. Massillon (OEuv. de). *Paris*, 1754, 15 vol. in-12, rel. v.

15. Ouvrages de théologie et de piété, 20 vol., diff. form.

16. Pascal (Pensées de). *Paris*, 1683, in-12, rel. v.

17. Prosper (Poëme de S.), contre les ingrats. *Paris*, 1698, in-12, rel. v.

18. Sainte Bible (La) en latin et en français, avec des notes de D. Calmet, de l'abbé de Vence, etc. *Paris*, Méquignon Junior, 1820-24, 25 vol. in-8, dem. rel., et Atlas in-4.

19. Savonarola (Girolamo). Vita del padre. *Ginevra*, 1781, in-8, rel. vel., port.

20. Stolberg (de). Hist. de N. S. Jésus-Christ et de son siècle. *Paris*, 1843, in-8, cart.

SCIENCES ET ARTS

Philosophie. — Morale. — Économie politique, etc.

21. Alletz (De la démocratie nouvelle, par Ed.). *Paris*, Lequien, 1838, 2 vol. in-8, cart.

22. Alvaro (Florez-Estrada), Cours éclectique d'économie politique, trad. par Galibert. *Paris*, Treuttel, 1833, 3 vol. in-8, cart.

23. Ame des bêtes (De l'). *Lyon*, 1680, in-12, rel. v.

24. Bautin (L.). La Morale de l'Évangile. *Paris*, Vaton, 1855, in-8, dem. rel. mar.

25. Beaumont (L'Irlande sociale, politique, etc., par G. de). *Paris*, Gosselin, 1839, 2 vol. in-8, dem. rel.

26. Du même. Du système pénitentiaire aux États-Unis. *Paris*, Fournier, 1833, in-8, dem-rel.

27. Berryer. Leçons et modèles d'éloquence judiciaire. *Paris*, Henry, 1838, gr. in-8, dem. rel.

28. Blanqui. Hist. de l'économie politique en Europe. *Paris*, Guillaumin, 1845, 2 vol. in-12, dem. rel.

29. Charron (P.). De la Sagesse. *Paris*, 1657, in-12, rel.

30. Clément (A.). Rech. sur les causes de l'indigence. *Paris*, Guillaumin, 1846, in-8, dem. rel. cart.

31. Courier (OEuv. compl. de P. L.). Essai sur la vie de l'auteur par A. Carrel. *Paris*, Paulin, 1834, 4 vol. in-8, dem. rel.

32. Cousin (V.). Fragm. de philosophie carténienne. *Paris*, Charpentier, 1845, in-8, dem. rel.

33. Delécluze (E. J.). Grégoire VII, saint François d'Assise, saint Thomas d'Aquin. *Paris*, J. Labitte, 1844, 2 tom. en in-8, dem. rel.

34. **Droz** (J.) Économie politique ou Principes de la science des richesses. *Paris*, J. Renouard, 1829, in-8, dem.-rel., et Pensées sur le christianisme. *Paris*, Renouard, 1825, in-12, dem. rel. v.

35. **Fix** (T.) Obs. sur l'état des classes ouvrières. *Paris*, Guillaumin, 1846, in-8, dem. rel. cart.

36. **Herder.** Idées sur la philosophie, trad. par Edg. Quinet. *Paris*, 1827, 3 vol. in-8, dem. rel.

37. **Joubert** (Pensées, essais, maximes et corresp. de J.). *Paris*, Le Normant, 1850. 2 vol. in-8, cart.

38. **Jullien** (M. A.). Essai sur l'emploi du temps. *Paris*, 1829, in-8, cart.

39. **Koch.** Tableau des révolutions de l'Europe. *Paris*, 1814, 4 vol. in-8, dem. rel.

40. **Lois** politiques de la monarchie française. *Paris*, 1792, 8 vol. in-8, dem. rel.

41. **Maistre** (Du pape, suiv. de l'Église gallicane, par J. de). *Bruxelles*, 1838, 2 vol. in-8, dem. rel.

42. **Malthus** (T. H.). Essai sur le principe de population. *Genève*, Cherbuliez, 1830, 4 vol. in-8, dem. rel.

43. **Marchand** (P. R.). Nouveau projet de traité de paix. *Paris*, Renouard, 1842, in-8, dem. rel.

44. **Nicolas** (Aug.). Du protestantisme et de toutes les hérésies dans leur rapport avec le socialisme. *Paris*, Vaton, 1852, in-8, cart.

45. **Philosophie** et morale, dont Traités, Hist. et Mélanges, ens. 40 v. in-8 et in-12, rel.

46. **Polititique**, traités de paix et autres, dont les OEuv. de l'abbé de Saint-Pierre, Say, P. L. Courier, Guizot, etc., ens. 40 vol. in-8 et in-12, rel.

47. **Poussin** (G. T.). Cons. sur le princ. démocratique qui régit l'union américaine. *Paris*, Gosselin, 1841, in-8, dem. rel.

48. **Servan.** Discours sur les mœurs. *Lyon*, s. d., in-8, dem. rel. it. Les Mœurs, de Duclos, 1748, in-12, rel. v.

49. **Shaftesbury** (de). Soliloques, trad. par Sinson. *Londres*, 1771, in-8, rel. v., port.

50. **Simon** (Le devoir, par J.). *Paris*, Hachette, 1854, in-12, br.

51. **Smith** (A.). Rech. sur la nature et les causes de la richesse des nations. Notes par Garnier. *Paris*, Agasse, 1822, 6 vol. in-8, dem. rel.

52. **Vico** (J. B. de). Principes de la philosophie. *Paris*, 1827, in-8, dem. rel.

53. **Vigo.** La science nouvelle. *Paris*, Renouard (J.), 1844, in-12, dem. rel.

54. Villemain. De l'Éloquence chrétienne. *Paris*, Didier, 1849, in-12, rel. cart.

55. Théories des sentiments agréables. *Paris*, 1749, in-12, rel. v., fig.

Histoire naturelle. — Agriculture, — Médecine, etc.

56. Agriculture, histoire nat., médecine, eaux minérales, etc., ens. 16 vol., diff. form.

57. Bichat (F. X.). Sur la vie et la mort. *Paris*, Fortin, in-12. dem. rel., portr.

58. Buffon. OEuvres complètes, avec les descrip. anatomiques de Daubenton. *Paris*, Verdière, 1824-32, 41 vol. in-8, dem. rel. v., fig. color.

59. Description de la terre depuis la création, avec nombreuses fig. sur l'hist. naturelle, s. l. n. d., in-f. cart.

60. Descuret (J. B.). Les Merveilles du corps humain. *Paris*, Labé, 1856, in-8, dem. rel. mar.

61. Dubois et Boitard. Méthode pour connaître les plantes de la France. *Paris*, Cotelle, 1840, in-8, dem. rel., fig.

62. Flourens (P.). Analyse raisonnée des travaux de G. Cuvier. *Paris*, Paulin, 1841, in-12, dem. rel.

63. Flourens (P.). De la longévité humaine. *Paris*, Garnier, 1854, in-12, dem. rel. mar.

64. Gaubert (P.). Hygiène de la digestion. *Paris*, Tresse, 1845, in-8, dem. rel.

65. Jussieu (A. de). Hist. nat. et botanique. *Paris*, in-12, dem. rel. fig.

66. Lavater. La Physiognomonie ou l'Art de connaître les hommes, trad. par Bacharach. *Paris*, G. Havard, in-4, cart., fig.

67. Lestiboudois. Botanographie. *Lille*, an VII, 4 vol. in-8, dem. rel., fig.

68. Reveillé-Parise (J. H.). Études de l'homme dans l'état de santé et dans l'état de maladie. *Paris*, Dentu, 1845, 2 vol. in-8, cart.

69. Reveillé-Parise. Traité de la vieillesse. *Paris*, Baillière, 1853, in-8, dem. rel.

---

70. Collin de Plancy. Dict. infernal. *Paris*, Mongie, 1825, 4 vol. in-8, dem. rel.

71. Jeux du trictrac, whist et autres, ens. 7 vol. in-8 et in-12, rel. et br.

Beaux-arts. — Peinture. — Ouvrages à figures.

72. Antichi monumenti per servire all' opera intitolata l'Italia avanti il dominio Romani. *Firenze*, Pagani, 1821, 4 vol. in-8, dem.-rel., et Atlas in-fol. br., pl. et fig.

73. Bottari (Jio.). (Racc. di Lettere sulla pittura ed architettura pub. da). *Milano*, 1822, 8 vol. in-12, dem. rel.

74. Burtin (F. X. de). Traité des connaissances qui sont nécessaires à tout amateur de tableaux. *Valenciennes*, 1846, gr. in-8, dem. rel., fig.

75. Cicognara (Storia della scultura dal suo risorgimento in Italia fino al secolo di Canova del conte) per servire di continuazione all' opere di Winckelman e di d'Agnicourt. *Prato*, Giachetti. 1823, 7 vol. in-8, dem. rel. vel., avec atlas in-fol., fig., n. r ogn. — Della vita di Antonio Canova. *Prato*, 1824, in-8, dem. rel. vel. fig., n. rogn.

76. Clarac (de). Musée de sculpture antique et moderne, ou Description de ce que le Louvre, le musée royal des antiquités et les Tuileries renferment en statues, bustes, bas-reliefs, inscriptions, etc., tirés des principaux musées de l'Europe. *Paris*, imp. royale, 7 vol. gr. in-8 et 6 vol. in-4, obl. dem. rel. (Bel exemplaire.)

77. Constantin (A.). Idées italiennes sur quelques tableaux célèbres. *Florence*, 1840, gr. in-8, dem. rel., fig.

78. Du Moncel (Th.). Vues pitt. des monumens d'Athènes, 14 pl. *Paris*, Delarue, 1845, gr. in-fol. obl. en ff.

79. Expressions de l'âme. S. l. n. d., in-fol., fig.

80. Flaxman (da Giov). Iliade d'Omero rapp. in figuri. *Firenze*, 1826, in-fol. obl. dem. rel.

81. Gault de Saint-Germain. Guide des amateurs de peinture. *Paris*, 1835, in-8, dem. rel.

82. Du même. Guide des Amateurs de tableaux pour les écoles allemande, flamande et hollandaise. *Paris*, J. Renouard, 1841, 2 vol. in-8, dem. rel.

83. Girodet (les Amours des dieux, recueil composé par). *Paris*, 1826, in-fol. dem. rel., fig.

84. Jorio (A. de). La Mimica degli antichi. *Napoli*, 1832, in-8, dem. rel., fig.

85. Lairesse (Gérard de). Le Grand livre des peintres ou l'Art de la peinture. *Paris*, 1787, 2 vol. in-4, rel. v., fig. et pl.

86. Lanzi (Luigi). Storia pittorica dell' Italia dal risorgimento delle belle arti, fin pesso al fine del XVIIIe secolo; edizione terza. *Bassano*, Remondini, 1809, 6 vol. gr. in-8, dem. rel. vel.

87. Lasinio (Cav. Carlo). Pitture a frescol del Campo Santo di Pisa. *Firenze*, Bernardini, 1828, in-fol. cart., 40 pl.

88. Du même. Recueil de 31 pl. in-fol. obl. cart.

89. Musée de Naples. *Paris*, Ledoux, 1836, in-8, cart. fig.

90. Quatremère de Quincy. Considérations sur les arts. *Paris*, 1791, in-8, rel. v.

91. Du même. Hist. de la vie et des ouvrages de Michel-Ange *Paris*, Firmin Didot, 1835, in-8, dem. rel., fig.

92. Du même. Hist. de la vie et des ouvrages de Raphaël. *Paris*, Firmin Didot, 1835, in-8, dem. rel., fig.

93. Real Museo borbonico. *Napoli*, 1835, 11 vol. in-4, dem. rel. v., n. rogn. (Bel exemplaire.) Jolies fig. pl. 3 livr. in-4, br., fig.

94. Recueil de gravures anc. et mod. Sujets religieux, portr, paysages, etc. Pl. de cent pièces réun. dans un album gr. in-fol., dem. rel.

95. Scamozzi. (Architettura universale di. Vinc). *In Perugia*, 1803, 2 tom. en in-8, dem. rel., pl.

96. Seroux d'Agincourt. Storia dell' arte dimostrata coi monumenti etc. (Avec des notes.) 6 vol. gr. in-8 et 3 tom. réun. 1 vol. in-fol., de pl. dem. rel. vel. n. rogn.

97. Visconti. Description des antiques. *Paris*, 1820, in-8, cart.

98. Du même (OEuvres de Eq.) Musée Pie-Clementin. *Milan*, Giegler, 1818-22, 7 vol. gr. in-8 avec 621 pl. it. — Monuments du musée Chiaramonti. *Milan*, 1822, gr. in-8, 79 pl. Ens. 8 vol., dem. rel. vel.

99. Winckelmann (J.). Hist de l'art chez les anciens. *Amsterdam*, 1741, 2 vol. in-8, rel. v., fig.

BELLES-LETTRES

Linguistique.

100. Alberti de Villeneuve (d'). Grand dict. franç.-italien. *Bassano*, 1811, 2 vol. in-4, cart.

181. Du même. Dict. franç.-ital. et ital.-franç. *Livourne*, 1833, 2 vol. in-4., dem. rel.

102. Bayle (P.). Dict. hist. et crit. *Rotterdam*, 1720, 4 vol. in-fol. rel. v.

103. Boniface (A.). Dict. angl.-franç. et franç.-angl. *Paris*, 1836, 2 vol. in-8, rel. v.

104. Burnouf (E.). Intr. à l'hist. du buddhisme indien. *Paris*, imp. royale. 1844, in-4, cart. (Tome 1.)

105. Carpentier (L. J.). Gradus français. *Paris*, 1825, 2 vol. in-8, rel. v.

106. Glossarium eroticum linguæ latinæ. *Parisiis*, Dondey-Dupré, 1826, in-8, dem. rel.

107. Laveau (J. Ch.). Dict. raisonné des difficultés gramm. *Paris*, 1822, 2 vol. in-8, rel.

108. Nodier (Ch.). Dict. raisonné des onomatopées françaises. *Paris*, Delangle, 1828, in 8, dem. rel.

109. Planche (J.). Dict. franç. de la langue oratoire et poétique. *Paris*, 1819, 3 vol. in-8, dem. rel.

110. Traités sur les études. Grammaires et dict. latin, français, anglais, etc. Ens. 45 vol. diff. form.

111. Walker (J.). Pronouncing dictionary. *London*, 1833, in-8, cart.

Poëtes grecs et latins.

112 Anacreontis carmina *Argentorati*. Treuttel. 1786, in-12, cart. (Texte grec.)

113. Aristote (Politique d'). Trad. par Millon (Ch.). *Paris*, Artaud, 1803, 3 vol. in-8, rel.

114. Auteurs grecs et latins, Hist. anc., etc. 20 vol. diff. form.

115. Demosthènes et d'Eschine (OEuvres de). Trad. par Auger. *Angers*, 1804, 6 vol. in-8, dem. rel.

116. Hérodote (Hist d') avec des rem. par Larcher. *Paris*. 1786. 7 vol. in-8, rel. v.

117. Horace (OEuvres compl. d') Trad. par MM. Amar, Andrieux, etc. *Paris*, Panckoucke, 1832, 2 vol. in-8, dem. rel.

118. Levesque (P. Ch.). Hist. de Thucydide. *Paris*, 1795, 4 vol. in-8, rel.

119. Lucien (OEuvres de). *Paris*. Bastien, 1789, 6 vol. in-8, dem. rel.

120. Lysias (OEuvres de). Traduit par Auger. *Paris*, 1783, in-8, rel. v.

121. Malfilâtre. Le Génie de Virgile, publ. par Miger. *Paris*, 1810, 4 vol. in-8, rel. v.

122. Panckoucke (Bibliothèque latine-française, publiée par). *Paris*, Panckoucke, 1826-39, 178 vol. in-8, cart. pl. — Iconographie et paléographie des classiques latins, rec. de fac-simile par A. Champollion. 2 vol. in-4, cart. Ens. 41 auteurs diff. (Bel exempl.)

123. Walckenaer. Hist. de la vie et des poésies d'Horace. *Paris*, Michaud, 1840, 2 vol. in-8, dem. rel., portr.

Poésies françaises anciennes et nouvelles.

124. Baour-Lorman (L.) Ossian. Poésies galliques. *Paris*, in-12, rel. v., fig.

125. Bernis (de) (OEuvres de). *Paris*, Delangle, 1825, in-8, dem. rel., fig.

126. Bertin (OEuvres de). *Paris*, Roux-Dufort, 1826, in-8, dem. rel., fig.

127. Casti (J. B.). Les Animaux parlants. *Paris*, 1819, 2 vol. in-8, dem., rel. v.

128. Clément Marot (OEuv., observ. par Auguis). *Paris*, Constant, 1823, 5 vol. in-18, dem. rel. v.

129. Contes rémois. *Paris*, Firmin Didot, 1836, in-12, dem. rel.

130. Desbordes-Valmore (Poésies de Mme). *Paris*, Boulland, 1830, 2 vol. in-8, dem. rel., fig.

131. Dictionnaire de pensées ingén. *Paris*, 1773, 2 vol. in-12, rel.

132. Dubos (C.). Les fleurs, poésies. *Paris*, Janet, 1817, in-18, cart., fig.

133. École de Salerne (l'), en vers français. *Paris*, 1759, in-12, br.

134. Encyclopédie poétique. *Paris*, 1804, 14 vol. in-18, rel. bas.

135. Frédéric II (OEuvres de). Sans-Souci. *Berlin*, 1760, in-8, dem. rel.

136. Gay (Delphine). (Essais poétiques par Mlle). *Paris*, Dupont, 1828, in-12, dem. rel.

137. Haller (Poésies de) *Berne*, 1760, in-12, dem. rel.

138. Hudibras. Poëme de S. Butler. *Paris*, 1819, 3 vol. in-12, dem. rel., fig.

139. Hugo (Vict.). Odes et Ballades. *Paris*, 1838, 2 vol. in-8, dem. rel.

140 Imbert. Contes en vers. *Amsterdam*, 1774, in-8, dem. rel., fig.

141. Lamartine (de). Jocelyn. *Paris*, Gosselin, 1836, 2 vol. in-8, dem. rel. v.

142. Le même. Méditations poétiques. *Paris*, Gosselin, 1832, 4 vol. in-8, dem. rel. v., fig.

143. Mélanges de poésies anc. et nouv. dont Virgile, Horace, Arioste, Le Brun, Michaud, Parny et autres. Ensemble, 55 vol. diff. form., rel.

144. Musset (Alf. de). Poésies nouv. *Paris*, Charpentier, 1854, in-12, dem. rel.

145. Quillet (C.). La Callipédie, ou la Manière d'avoir de beaux enfants. *Paris*, 1789, in-12. rel. v.

146. Regnier, (Satyres et autres œuvres de). *Londres*, 1733, in-4,
    rel. v.

147. Roquefort (B. de). De l'état de la poésie franç. *Paris*, Audin,
    1821, in-8, dem. rel.

148. Satyriques du xviiie siècle. *Paris*, an viii, 4 tom. en 2 vol. in-8,
    rel.

149. Scarron. Virgile travesti, en vers burlesques. *Paris*, 1715,
    2 vol. in-12, rel. v.

150. Tastu (Am.) (Poésies par Mme). *Paris*, 1835, in-12, dem. rel.

151. Villon (F.). (Œuv. compl. revues par P. L. Jacob). *Paris*,
    Janet, 1856, in-12, cart.

Poëtes italiens et anglais.

152. Aretino (Pietro) (Dubbii amorosi altri Dubbii e sonetti lussu-
    riosi di). Nella stamperia del forno, alla corona de Cazzi. *s.
    d.*, in-18, br.

153. Arioste (l') (Satires de). Trad. par de Treillis. *Lyon*, 1824, in-8,
    dem. rel.

154. Bianca (Capello) (Memorie di). *Firenze*, 1827, in-8, dem. rel.,
    port. col.

155. Boccaccio (Giov.) (Decameron di). *Firenze*, Magheri, 1827,
    5 vol. in-8, dem. rel., portr.

156. Borghini (R.) (Il Riposo di). *Milano*, 1807, 3 vol. in-8, dem.
    rel.

157 Borromeo (Anton. Maria). Notizia de novellieri italiani. *Bas-
    sano*, 1794, in-8, dem. rel.

158. Botta (Ch.). Hist. d'Italie. *Paris*, 1824, 5 vol. in-8, dem rel.

159. Camoëns (L). La Lusiade, poëme. *Paris*, 1776, 2 tom. en in-8,
    rel. v., fig.

160. Caro (Annibal). Rime del Commendatore. *Venezia*, 1757, in-8,
    dem. rel., portr.

161. Casti (G.) (Novele di). *Paris*, 1804, 3 vol. in-8, cart.

162. Colletta (Hist. de Naples, 1734-1825, par). *Paris*, Ladvocat,
    1840, 4 vol. in-8, dem. rel.

163. Cuoco (V.). Platone in Italia. *Parma*, 1820, 2 vol. in-8, dem.
    rel.

164. Dante Alighieri (La Divina Commedia di). 3 vol in-4. dem. rel.,
    fig.

165. Le même (La Divine Comédie). Trad. par Artaud. *Paris*, F.
    Didot, 1846, in-12, dem. rel.

166. Le même (L'Enfer). *Londres, 1785*, in-8, rel. v.

167. Gelli (Bat.) (Capricce del bottaio di). *Milano, 1805*, 3 vol. in-8, dem. rel.

168. Il Pecorone di ser Giovanni Fiorentino. *Milano, 1804*, 2 vol. in-8, dem. rel., portr.

169. Massimo d'Azeglio. Ettore Fieramosca, o la Disfida di Barletta. *Milano, 1833*, 2 tom. réun., en in-8, dem. rel., fig.

170. Melanges. Auteurs anglais, dont Milton, Sterne et autres. Ens. 18 vol. in-8, rel.

171. Le même. Auteurs anglais, dont Rasselas, Gay, Byron et autres. Ens. 23 vol. dif. form.

172. Le même. Auteurs anglais. dont. Voyages et hist. div., 20 vol. in-12. rel. et br.

173. Le même. Auteurs italiens. dont. Meli, Tasso, Salvator Rosa et autres, ensemble 24 vol. diff. form.

174. Le même. Ouv. italiens, dont Manzoni, And. Sarto, Casti, Cellini et autres. Ens. 22 vol., diff. form.

175. Parnaso classico italiano. *Firenze, 1821*, in-8, cart., fig.

176. Pignotti (L.). Storia della Toscana. *Firenze*, Ciardetti, 1824, 6 vol. in-8, dem. rel., fig.

177. Pindemonte (H.). Epistole in versi. *Verona, 1817*, in-8, dem. rel.

178. Tassoni (Aless.). La Secchia rapita. *Firenze, 1823*, in-8, cart.

179. Vespucci Amerigo (Elogio di). *Firenze, 1798*, in-8, dem. rel., portr.

ART DRAMATIQUE

Théâtre français et étranger.

180. Alfieri. OEuv. dramat. trad. par Petitot. *Paris, 1802*, 4 vol. in-8, cart.

181. Le même (Tragedie). *Firenze, 1824*, 6 vol. gr. in-8, dem. rel., fig.

182. Andrieux (OEuvres de). *Paris*, Nepveu, 1818, 4 vol. in-8, dem. rel., fig.

183. Annales dramatiques ou Dict. des théâtres. *Paris, 1808*, 9 vol. in-8, dem. rel.

184. Bandello (Mat.) (Novelle di). *Milano, 1814*, 9 vol. in-12, cart.

185. Barbier (M. A.) (Mlle). Les tragédies et autres poésies. *Leide*, 1723, in-12, rel. v.

186. Bazin. Théâtre chinois. *Paris*, imp. roy. 1838, in-8, dem. rel.

187. Belloy (de) (OEuv. compl. de). *Paris*, 1787, 6 vol. in-8, dem. rel., fig.

188. Brumoy (Théâtre des Grecs, par le P.). *Paris*, 1785, 13 vol. in-8, rel. bas., jol. fig.

189. Cailhava (de). L'art de la comédie. *Paris*, 1786, 2 vol. in-8, rel.

190. Le même (Théâtre). *Paris*, 1781, 4 vol. in-8, rel. v.

191. Chefs-d'œuvre des théâtres étrangers, trad. en franç. par MM. Aignan, Andrieux, de Barente et Benjamin Constant. *Paris*, Ladvocat, 1822-23, 25 vol. in-8, dem. rel. v.

192. Collin d'Harleville (Théâtre de). *Paris*, 1805, 4 vol. in-8, rel.

193 Corneille (P.) (Théâtre de). Avec les comm. de Voltaire, orné de 35 fig. *Paris*, Bossange, 1797, 12 vol. gr. in-8, rel. v., rac. fil., tr. dor. (Bel exemplaire.)

194. Crébillon (OEuvres de). *Paris*, 1785, 3 vol. in-8, rel. v.

195. Destouches (N.) (OEuv. dram. de). *Paris*, 1820. 6 vol. in-8, dem. rel. v., fig.

196. Geoffroy (Cours de litt. dram. de). *Paris*, 1820, 5 vol. in-8. dem. rel.

197. Goldoni (Carlo) (Delle opere del signore). *Lucca*, 1788, 31 vol. in-8, cart.

198. Gozzi (Carlo) (Opere edite e inedite de). *Venezia*, 1801, 14 vol. in-8, cart.

199. Laharpe (de). Comm. sur le théâtre de Voltaire. *Paris*, 1814. in-8, rel.

200. Leclercq (Th.). Proverbes dramatiques. *Paris*, Sautelet, 1828, 9 vol. in-8, dem. rel., n. rog.

201. Marivaux (de). OEuv. compl. *Paris*, 1781, 12 vol. in-8, dem. rel.

202. Monmerqué (J.). Théâtre franç. au moyen âge. *Paris*, Firmin Didot, gr. in-8, dem. rel.

203. Monti (Vincenzo). Opere. *Bologna*, 1828, 8 vol. in-12, dem. rel.

204. Nota (Théâtre d'Alb.), avec remarq. *Paris*, 1839, 3 vol. in-8, dem. rel.

205. Palissot (OEuv. de). *Liége*, 1777, 7 vol. in-8, rel. v., fig.

206. Pavie (Th.). Choix de contes et nouvelles. *Paris*, Duprat, 1839. Lao-Seng-eul, comédie chinoise, réun. en in-8, dem. rel.

207. Pièces nouvelles françaises et italiennes. Opéras, drames. 25 broch. in-8.

208. Racine (OEuvres de J.). *Paris*, Lefevre, 1835, gr. in 8, dem. rel. mar., n. r., portrait.

209. Regnard (OEuv. compl. de). *Paris*, Crapelet, 1810, 6 vol. in-8, rel. v. f., tr. dor., fig.

210. Répertoire dramatique. 40 pièces réun. en 2 vol. gr. in-8, cart.

211. Riccoboni (L.). Obs. sur la comédie et le génie de Molière. *Paris*, 1736, in-12, rel. v.

212. Rotrou (OEuv. de J.). *Paris*, Desoer, 1820, 5 vol. in-8, dem. rel.

213. Saint-Marc Girardin. Cours de littérature dramatique. *Paris*, Charpentier, 1843, 2 vol. in-12, dem. rel.

214. Schiller (OEuv. dram. de). *Paris*, Ladvocat, 1821, 6 vol. in-8, dem. rel.

215. Schlegel. Cours de littérature dramatique. *Paris*, 1814, 3 vol. in-8, dem. rel.

216. Shakspeare (Essais litt. sur), rais. par Duport. *Paris*, 1828, 2 vol. in-8, dem. rel.

217. Le même (OEuv. complètes, revues par Guizot). *Paris*, Ladvocat, 1821, 13 vol. in-8, dem. rel. v.

218. Théâtre français, de Quinault, Moncry, Lesage, Lemercier et autres, ens. 60 vol. in-8 et in-12, rel.

219. Théâtre italien anc. et mod., dont Manzoni, Casti, Rossi, etc., ens. 16 vol., diff. form.

Contes et nouvelles. — Facéties. — Critique. — Bons mots, etc.

220. Autrefois ou le Bon vieux temps. Types français. *Paris*, Challamel, gr. in-8, dem. rel., fig. col.

221. Ballanche. Antigone. *Paris*, Delloye, 1841, in-12, dem. rel.

222. Benjamin Constant. Adolphe. *Paris*, Charpentier, 1842, in-12, dem. rel.

223. Bœttiger (C. A.). Sabine ou Matinée d'une dame romaine à sa toilette. *Paris*, Maradon, 1813, in-8, dem. rel., fig.

224. Bussi-Rabutin. Hist. amoureuse des Gaules. *Paris*, 1829, 3 vol. in-8, br.

225. Classiques (les) de la table. *Paris*, 1844, in-8, dem. rel., portr.

226. Contes et romans, par Mme Guizot, Pougens et autres, ens. 40 vol. in-12, rel.

227. Contes, histoires, romans de Walter Scott, Mme de Genlis et autres, ens. 20 vol., diff. form.

228. Crébillon fils (OEuv. de). *Londres*, 1777, 14 tom. en 12 vol.
in-12, rel. bas.

229. Du Bos. Réflex. crit. sur la poésie et la peinture. *Paris*, 1740,
2 vol. in-12, rel. v.

230. Fiévée (OEuvres de J.). *Paris*, Gosselin, 1843, in-8, dem. rel.

231. Fournier (Ed.). Le Vieux neuf, hist. anc. des inventions et
découvertes. *Paris*, Dentu, 1859, 2 vol. in-12, br.

232. Galland (A.). Les Mille et une Nuits. *Paris*, Pourrat, 1837,
4 vol. in-8, dem. rel., fig.

233. Gudin (Contes de P.). *Paris*, 1806, 2 vol. in-8, dem. rel.

234. Histoires, Contes et Romans, par Lesage, Swift, Mme Cottin,
Marmontel, l'abbé Prévost et autres, ens. 44 vol. in-12 et
in-18, rel.

235. Hammer. Contes inédits des Mille et une Nuits, trad. par Tre-
butien. *Paris*, 1828, 3 vol. in-8, dem. rel. v., fig.

236. Histoire amoureuse de Pierre Lelong et de Blanche Bazu.
Londres, 1768, in-8, rel. v., fig.

237. Huart (L.). Muséum parisien. *Paris*, 1841, gr. in-8, dem. rel.,
fig.

238. Langlet du Fresnoy. Les Princesses malabares. *Andrinople*,
1734, in-12, rel. v.

239. Loiseleur Deslongchamps. Essai sur les fables indiennes, suiv.
du Roman des Sept sages de Rome, publ. par Leroux de
Lincy. *Paris*, Techener, 1838, in-8, dem. rel.

240. Maistre (J. de). Les Soirées de Saint-Pétersbourg. *Paris*, 1821,
2 vol. in-8, dem. rel., portr.

241. Maistre (OEuv. compl. deX. de). *Paris*, Dondey-Dupré, 1828,
3 vol. in-8, dem. rel., fig.

242. Mérimée (P.). Colomba; suivi de la Mosaïque. *Paris*, Charpentier,
1842, in-12, dem. rel.

243. Petis de la Croix. Les Mille et un Jours, avec notes par A. Loiseleur Deslongchamps. *Paris*, A. Desrez, 1838, gr. in-8,
dem. rel.

244. Philomneste (G. P.). Le Livre des singularités. *Dijon*, Lagier,
1841, in-8, dem. rel.

245. Prévost (l'abbé). Hist. de Manon Lescaut et du chevalier des
Grieux, not. hist. par J. Janin, ill. par Tony Johannot. *Paris*,
Bourdin, gr. in-8, dem. rel., fig.

246. Rabelais (F.) (OEuv. de maître). *Amsterdam*, 1725, 5 vol. in-12,
rel. v.

247. Robinson Crusoé (Vie et aventures de). *Paris*, 1821, 2 vol. in-8,
dem. rel. v., fig.

248. Satyre Menippée. De la vertu du catholicon d'Espagne. *Ratisbone*, 1726, 3 vol. pet. in-8, rel. v., fig.

249. S. Cervantes (M. de). Hist. de don Quichotte de la Manche, avec les suites; plus. hist. de Sancho Pansa et les nouvelles aventures, trad. par Filleaux de Saint-Martin *Paris*, 1752-74. Ens. 14 vol. in-12, rel. v., fig.

250. Souza (OEuvres de Mme de). *Paris*, Charpentier, 1840, in-12, dem. rel.

251. Sterne (Voy. Sentimental de). par J. Janin, ill. par Tony Johannot. *Paris*, Bourdin, gr. in-8, dem. rel., fig.

252. Swift. Voyages de Gulliver. *Paris*, Furne, 1838, 2 vol. in-8, dem. rel. mar., tr. dor.

253. Tom Jones. Trad. par Defauconpret. *Paris*, Furne, 1835, 2 vol. in-8, dem. rel. v., n. rogn., fig.

Polygraphes, épistolaires.

254. Beaumarchais (Caron de). OEuv. compl. *Paris*, 1809, 7 vol. in-8, dem. rel.

255. Boileau-Despréaux (OEuv. de). *Genève*, 1716, 4 vol. in-12, rel. v., fig.

256. Boufflers (OEuvres compl. de). *Paris*, Furne, 1827, 2 vol. in-8, dem. rel., fig.

257. Byron (OEuvr. compl. de lord). *Paris*, Dondey-Dupré, 1830, 13 vol. in-8, dem. rel. v., n. rogn.

258. Chamfort (OEuvr. compl. de , publ. par Auguis. *Paris*, Chaumerot, 1824, 5 vol. dem. rel. v.

259. Chenier (J.) (OEuvres de). *Paris*, 1827, 10 vol. in-8, dem. rel.

260. Delille (OEuvres de). Notice par Tissot. *Paris*, Furne, 1833, 10 vol. in-8, dem. rel. v., fig.

261. Diderot (D.) (OEuvr. compl. de). *Paris*, Belin, 1818, 6 vol. in-8, rel. v.

262. Même (OEuvres choisies), précédées de sa vie par F. Génin. *Paris*, F. Didot, 1847, 2 vol. in-12, br.

263. Ducis (J. F.) (OEuvres de), avec not. par Campenon. *Paris*, Nepveu, 1826, 4 vol. in-8, rel. cart.

264. Duclos (OEuvr. de). *Paris*, 1806, 10 vol. in-8, rel.

265. Grécourt (OEuvr. compl. de). *Paris*, Chaigneau, 1796, 4 vol. in-8, rel. v., fig.

266. Gresset (OEuvr. compl. de). *Paris*, Furne, 1830, 2 vol. in-8. dem. rel. n. rogn., fig.

267. Hamilton (A.) (OEuvr. compl. de). *Paris*, Renouard, 1812, 3 vol. dem. rel. v., fig.

268. Hoffman (OEuvr. de). *Paris*, Lefebvre, 1829, 10 vol. in-8, rel. v.

269. La Fontaine (OEuvr. de), revues par Walckenaer. *Paris*, Lefevre, 1827, 6 vol. gr. in-8, dem. rel. n. rogn., fig.

270. Lemontey (P. E). (OEuvr. de). *Paris*, Sautelet, 1829, 5 vol. dem. rel. mar.

271. Machiavel (OEuvr. de), trad. par Guiraudet. *Paris*, an VII, 9 vol. in-8, rel. bas.

272. Maistre (de.) (Lettres et opusc. inédits de). *Paris*, Vaton, 1851, 2 vol. in-8, dem. rel. mar., portr.

273. Montesquieu (OEuvr. compl. de). *Paris*, Lefevre, 1816, 6 vol. in-8, rel. v.

274. Pope (OEuvr. de). *Amsterdam*, 1767, 8 vol. in-12, rel. v. f., jol. fig.

275. Rivarol (OEuvr. compl. de). *Paris*, 1808, 5 vol. in-8, rel. v.

276. Rousseau (OEuvr. de J. B.). *Paris*, Lefevre, 1820, 5 vol. in-8, dem. rel., portr.

277. Rousseau (OEuvr. compl. de J. J.). *Lyon*, 1796, 33 vol. in-8, rel.

278. Saint-Évremond, avec les suites. 1740, 10 vol. in-12, rel. v, fig.

279. Saint-Foix (de) (OEuvres de). *Paris*, 1768, 6 vol. in-8, dem. rel.

280. Sévigné (Mme de) (Lettres de). *Paris*, Blaise, 1820, 10 vol. in-8. rel. v. gauf., suiv. des Mém. de M. de Coulanges. *Paris*, Blaise, 1820, in-8, rel. v. gauf., portr., vues et fac-simile.

281. Voisenon (OEuvr. compl. de). *Paris*, 1781, 5 vol. in-8, rel. v.

282. Voltaire (OEuvr. compl. de). De la Société typographique, 1785, plus 2 vol. de suppl. Ens. 94 vol. in-12, rel. bas.

HISTOIRE ET VOYAGES

Histoire universelle. — Géographie. — Histoire ancienne. — Antiquités.

283. Alexandre (Hist. des expéd. d'), trad. par Chaussard. *Paris*, 1802, 3 vol. in-8, et Atlas in-4, dem. rel.

284. Batissier L.). Archéologie. *Paris*, Leleux, 1843, in-12, dem. rel., pl.

285. Bibliothèque d'Apollodore, trad. par Clavier. *Paris*, 1805, 2 vol. in-8, dem. rel.

286. Bossuet (J. B.). Discours sur l'hist. universelle. *Paris*, Curmer, 2 v. gr. in-8, dem. rel. mar., jol. fig. noires et coul.

287. Buchon (Atlas des deux Amériques et des îles adjacentes, par J.). *Paris*, Carrez, 1825, in-fol., dem. rel.

288. Champagny (de). Hist. des Césars jusqu'à Néron. *Paris*, 1843, 4 vol. in-8, dem. rel. m.

289. Dacier. Vie des hommes illustres de Plutarque et Réflex. de Marc Antonin. *Amsterdam*, 1734, 11 vol. in-12, rel. v.

290. Demoustier. Lettres à Émilie sur la mythologie. *Paris*, Froment, 1826, 3 vol. in-32, rel. v., tr. dor., fig.

291. Dezobry (Ch.). Rome au siècle d'Auguste. *Paris*, Dezobry, 1846, 4 vol. in-8, dem. rel., fig., pl.

292. Gibbon. Hist. de la décad. et de la chute de l'empire romain, revue par Guizot. *Paris*, Ledentu, 1828, 13 vol. in-8, dem. rel.

293. Goguet (Ant.). De l'origine des lois chez les anciens peuples. Paris, 1809, 3 vol. in-8, dem. rel., pl.

294. Hallam (Henry.). De l'Europe au moyen âge. *Paris*, Ladrange, 1837, 4 vol. in-8, dem. rel.

295. Lenglet du Fresnoy. Méth. pour étudier l'histoire. *Paris*, 1772, 15 vol. in-12, rel. v.

296. Lettres de Junius. Trad. par J. T. Parisot. *Paris*, Bechet, 1823, 2 vol. in-8, dem. rel.

297. Malte-Brun. Pr. de la géographie univ. *Paris*, 1812, 8 vol. in-8, rel. v., cart. et pl.

298. Muller. Manuel d'archeologie, trad. par Nicard. *Paris*, Roret 1841, 3 vol. in-18, et Atlas obl., dem. rel. v.

299. Noël (Fr.). Dict. de la Fable. *Paris*, 1823, 2 vol. in-8, rel.

300. Pelloutier (S.). Hist. des Celtes, des Gaulois et des Germains. *Paris*, 1771, 2 tom. en in-4, dem. rel.

301. Pierron (Alexis). Pensées de Marc Aurèle Antonin, emp. rom. *Paris*, Charpentier, 1843, in-12, dem. rel.

302. Plutarque (OEuv. de), trad. par Ricard. *Paris*, 1791, 17 vol. in-12, rel. v.

303. Rome galante, sous César et Auguste. *Paris*, 1696, 2 vol. in-12 br.

304. Schœlcher (V.). L'Égypte en 1845. *Paris*, Pagnerre, 1846, in-8, cart.

305. Thierry (A.). Hist. des Gaulois. *Paris*, Hachette, 1835, 3 vol. in-8, dem. rel. v.

306. Walckenaer (C. A.). Cosmologie ou Descript. gén. de la terre. *Paris*, 1816, in-8, dem. rel.

Voyages généraux et autour du monde.

307. Ampère (J. J.). Littérature et voyages. *Paris*, Paulin, 1833, in-8, dem. rel.

308. Barthélemy. Voy. du jeune Anacharsis. *Paris*, 1821, 7 vol. in-8, rel. v., it. Voy. en Italie. *Paris*, 1802, in-8, cart.

309. Bourgoing (Tabl. de l'Espagne moderne, par). *Paris*, 1807, 3 vol. in-8 et atlas in-4, dem. rel. v.

310. Brayer (A.). Neuf années à Constantinople. *Paris*, Bellizard, 1836, 2 vol in-8, dem. rel.

311. Castellan (A. L.) (Lettres sur l'Italie, par). *Paris*, Nepveu, 1819, 3 vol. in-8, dem. rel., fig.

312. Chandler (R.). Voyage dans l'Asie Mineure et en Grèce. *Paris*, 1806, 3 vol. in-8, dem. rel., pl.

313. Colomb (Chr.) (Hist. de la vie et des voy. de). Trad. par Defauconpret. *Paris*, Gosselin, 1836, 4 vol. in-8, dem. rel. mar.

314. Daumont (A.). Voyage en Suède. *Paris*, 1834, 2 vol. in-8, dem, rel.; atlas in-4, fig. col.

315. Dumont d'Urville. Voy. autour du monde. *Paris*, Tenré, 1834. 2 vol. in-4, dem. rel.

316. Eyriès (J. B.). Voy. en Asie et en Afrique. *Paris*, Furne, 1839, in-4, dem. rel. mar., fig.

317. Ferry (G.). Voy. et aventures au Mexique. *Paris*, Charpentier, 1847, in-12, dem. rel.

318. Guide pitt. du voyageur en France. *Paris*, F. Didot, 1838, 6 vol. in-8, dem. rel. mar., fig., cart.

319. Huc. Souvenirs d'un voy. dans la Tartarie, le Thibet et la Chine. *Paris*, Le Clerc, 1850, 2 vol. in-8, dem. rel. v.

320. Jaubert (A.). Voy. en Arménie et en Perse. *Paris*, 1821, in-8, dem rel., fig.

321. Lamartine (de). Voyage en Orient. *Paris*, Furne, 1835, 4 vol. in-8, dem. rel. v.

322. Lebrun (le P.). Voyage en Grèce. *Paris*, 1828, in-8, dem. rel.

323. Marcellus (de) (Souvenirs de l'Orient, par). *Paris*, Debecourt, 1839, 2 vol. in-8, dem. rel.

324. Marmier (X.). Du Rhin au Nil. *Paris*, A. Bertrand, 2 tom. en in-12, dem. rel.

325. Le même. Lettres sur l'Islande. *Paris*, 1837, in-8, dem. rel.

326. Michaud et Poujoulat. Correspondance d'Orient. *Paris*, Ducolet, 1835, 7 vol. in-8, dem. rel.

327. Millin (A.). Voy. dans les départ. du midi de la France. *Paris*, imp. impér., 1807, 5 vol. in-8 et atlas in-4, rel.

328. Montagne (D. J.). Physiologie morale et physique d'Alger en 1833; *Marseille*, 1834. — Cavaignac (E.) (La Régence d'Alger de). *Paris*, 1839, réun. en in-8, dem. rel.

329. Orbigny (Al. d'). Voy. dans les deux Amériques. *Paris*, Tenré, 1836, in-4, dem. rel. mar., fig.

330. Raguse (Voy. du duc de). *Paris*, Ladvocat, 1837, 4 vol. in-8, dem. rel.

331. Schnitzler (J. H.). La Russie, la Pologne et la Finlande. *Paris*, J. Renouard, 1835, in-8, dem. rel., pl.

332. Souvenirs d'un voyageur solitaire. *Paris*, A. Franck, 1844, 2 vol. in-8, dem. rel.

333. Stolberg (F. L.). Travels through Germany, Switzerland, Italy and Sicily. *London*, 1797, 4 vol. in-8, dem. rel., fig.

334. Tavernier (Recueil de relations et traitez de voyages, par J. B.). *Paris*, 1686, 3 vol. in-4, rel. v., cart. et fig.

335. Twining (H.). Voyage en Norwége et en Suède. *Paris*, Delaunay, 1836, in-8, dem. rel.

336. Univers pittoresque. France, par Lebas: Espagne, par Lavallée; Perse, par Dubeux. *Paris*, F. Didot, 1850, 5 vol. in-8 br., fig.

337. Valery. Voy. hist. et litt. en Italie. *Paris*, Le Normant, 1831, 5 vol. in-8, dem. rel.

338. Volney (C. F.). Voy. en Égypte et en Syrie. *Paris*, Parmentier, 1825, 2 vol. in-8, dem. rel., fig. — Plus les Ruines, du même, 1 vol. in-8.

339. Voyages, Cartes, de Cassini; Guides, etc. Ens. 50 vol. et br. diff. form.

340. Vues du Rhin. *Londres*, 1832, 2 vol. in-8, cart., fig.

341. Warren (E. de). L'Inde anglaise. *Paris*, 1844, 2 vol. in-8, dem. rel.

Histoire de France et Collections.

342. Audot (L. L.). Testament de Louis XVI et de la reine. Br. in-4.

343. Beauchesne (Louis XVII, par A. de). *Paris*, Plon, 1852, 2 vol. in-8, dem. rel. mar., portr. autog.

344. Buchon (Collection des Chroniques nationales françaises écrites en langue vulgaire du treizième au quinzième siècle, avec des notes par J. A.). *Paris*, Verdière, 1824-29, 47 vol. in-8, dem. rel. v. (Bel exemplaire.)

345. Collection de Mémoires relatifs à la Révolution française. *Paris*, Baudoin, 1826, 51 vol. in-8, dem. rel.

346. Depping. Hist. des expéd. maritimes des Normands. *Paris*, Ponthieux, 1826, 2 vol. in-8, rel. v., g., tr. dor.

347. Dulaure. Hist. de Paris. *Paris*, 1839, 4 vol. et atlas gr. in-8, dem. rel., tr. s. dor.

348. Gaillard. Hist. de Charlemagne. *Paris*, Foucault, 1819, 2 vol. in-8, cart.

349. Guizot (Collection des Mém. relatifs à l'Hist. de France depuis la fondation de la monarchie française jusqu'au treizième siècle. Notes par). *Paris*, Brière, 1823-35, 29 vol. in-8, dem. rel. v.

350. Lamartine (A. de). Hist. de la Restauration. *Paris*, Furne, 1852, 8 vol. in-8, dem. rel.

351. Las Cases (de). Mémorial de Sainte-Hélène. *Paris*, Ernest Bourdier, 1842, illust. p. Charlet. 2 vol. gr. in-8, dem. rel. mar.

352. Lurine (L.). Les Rues de Paris anc. et mod. *Paris*, Kugelmann, 1844, gr. in-8, tom. Ier, dem. rel. mar.

353. Mallet du Pan (Mém. et Corresp. de). Recueil p. servir à la Révolution française, par Sayous. *Paris*, Amyot, 1851, dem. rel. mar.

354. Mémoires des Contemporains. *Paris*, Bossange, 1824, 4 vol. in-8, dem. rel.

355. Monteil (A.). Hist. des Français des divers états. *Paris*, Janet, 1828, 10 vol. in-8, dem. rel.

356. Petitot. (Collection compl. des Mém. relatifs à l'hist. de France, dep. le règne de Philippe-Auguste jusqu'au comm. du dix-septième siècle, avec des notices sur chaque auteur et des obs. sur chaque ouvrage, par M.). *Paris*, Foucault, 1819-27, 52 vol. in-8, dem. rel. v., y compris les tables. (Bel exemplaire.)

357. Petitot et Monmerqué (Collection de Mém. relatifs à l'hist. de France, dep. l'avénement de Henry IV jusqu'à la paix de Paris, conclue en 1763, avec des notices sur chaque auteur et des obs., par MM.). *Paris*, Foucault, 1820-29, 79 vol. in-8, dem. rel. v., y comp. le 21e bis. (Bel exemplaire.)

358. Recueil de diverses pièces relatives à l'hist. de Henry III. *Cologne*, P. du Marteau, 1663, in-12, rel. v.

359. Roquefort (de). Hist. de la vie privée des Francais. *Paris*, 1815, 3 vol. in-8, dem. rel.

360. Saint-Victor (de). Tableau hist. et pitt. de Paris. *Paris*, Gosselin, 1822, 8 vol. in-8, dem. rel. v.

361. Ségur (Ph. de). Hist. de Charles VIII, roi de France. *Paris*, Bellizard, 1835, 2 vol. in-8, dem. rel.

362. Tilly (de). Mémoires. *Paris*, 1828, 3 vol. in-8, dem. rel.

363. Turenne (Histoire de). *Paris*, 1735, 2 vol. in-4, rel. v., pl. et fig.

364. Vitet (L.). Dieppe. *Paris*, 1833, 2 tom. réun. en in-8, dem. rel. fig.

365. Walter Scott. Vie de Napoléon. *Paris*, Treuttel, 1827, 9 vol. in-8, dem. rel.

Mémoires historiques, etc.

366. Brunet (G.). Nouv. Lettres de Mme la duch. d'Orléans. *Paris*, Charpentier, 1853, in-8, dem. rel.

367. Busoni (P.). Mém., frag. hist. de Mme la duch. d'Orléans. *Paris*, Paulin, 1832, in-8, dem. rel.

368. Dangeau (Journal de Note), par Mme de Genlis. *Paris*, 1817, 4 vol. in-8, cart.

369. Épinay (Mémoires et corresp. de Mme d'). *Paris*, 1818, 3 vol. in-8, rel. v.

370. Garat (J.). Mém. sur le dix-huitième siècle et sur M. Suard. *Paris*, 1821, 2 vol. in-8, dem. rel.

371. Lamartine (de). Vie d'Alexandre le Grand. *Paris*, Firmin Didot, 1859, 2 vol. in-8, br.

372. Maurepas (Mém. de). *Paris*, 1792, 4 tomes en 2 vol. in-8, cart., fig.

373. Moleville (Bert. de). Mém. pour servir à l'hist. de Louis XVI. *Paris*, Michaud, 1816, 2 vol. in-8, dem. rel.

374. Monnerqué (de). Mém. de Coligny-Saligny. *Paris*, Renouard, 1841, in-8, dem. rel.

375. Monmerqué (de). Mém. de M. de Coulanges. *Paris*, Blaise, 1820, in-12, dem. rel.

376. Orléans (Mém. de L. A. P. d'). *Paris*, Baudoin, 1824, in-8, dem. rel., port.

377. Polybe (Histoire de), trad. par V. Thuillier et de Folard. *Paris*, 1727, 6 vol. in-4, rel. v., fig.

378. Riancey (H. de). Mme la duchesse de Parme devant l'Europe. *Paris*, Dentu, 1860, in-8, br.

379. Saint-Simon (Mém. compl. et authent. du duc de). *Paris*, Delloye, 1842, 40 tom. rel. en 20 vol. in-12, dem. rel. mar.

380. Sévigné (Mém. touchant la vie et les écrits de Mme de). *Paris*,
    F. Didot, 1852, 5 vol. in-8, dem. rel.

381. Staël (L'Allemagne, Corinne, Révolution française, OEuv. iné-
    dites, par Mme de). *Paris*, 1818, 11 vol. in-8, dem. rel.

382. Vie et Mémoires de Louis XV, M. de Feuquière, Gaspard,
    comte de Chavagnac, le duc d'Orléans, comte de Bonne-
    val, etc., ens. 30 vol. in-8 et in-12, rel.

Histoire d'Angleterre.

383. Faucher (L.). Études sur l'Angleterre. *Paris*, Guillaumin, 1845,
    2 vol. in-8, dem. rel.

384. Guizot. Hist. de la révolution d'Angleterre. *Paris*, Leroux,
    1826, 2 vol. in-8, dem. rel. v.

385. Histoires des guerres civiles de l'Angleterre, de Malte, de
    Charles le Quint, de la Révolution française et autres, ens.
    60 vol., diff. form., rel.

386. Pichot (A.). Hist. de Charles-Édouard. *Paris*, Gosselin, 1833,
    2 vol. in-8, dem. rel.

387. Thierry (A.). Hist. de la conquête de l'Angleterre par les Nor-
    mands. *Paris*, Lacrosse, 1835, 4 vol. in-8, rel. v., cart.

Histoire. — Littérature.

388. Beaumont (G. de). Marie ou l'Esclavage aux États-Unis. *Paris*,
    Gosselin, 1835, in-8, dem. rel.

389. Campanella (OEuvres choisies de). *Paris*, Lavigne, 1844, in-12,
    dem. rel.

390. Guichardin (F.). Hist. des guerres d'Italie. *Londres*, 1738, 3 vol.
    in-4, cart.

391. Ginguené (P. L.). Hist. littéraire d'Italie. *Paris*, Michaud, 1812,
    9 vol. in-8, dem. rel.

392. Klopstock. La Messiade. *Paris*, Charpentier, 1845, in-8, dem.
    rel.

393. La Harpe. Cours de littérature. *Paris*, an VII, 19 vol. in-8,
    rel.

394. Langlois (A.). Monuments littéraires de l'Inde. *Paris*, Lefevre,
    1827, in-8, dem. rel.

395. Maury. Essais sur l'éloquence de la chaire. *Paris*, 1810, 2 vol.
    in-8, rel. v.

396. Morellet. Mélanges de litt. et de phil. *Paris*, 1818, 4 vol. in-8,
    cart.

397. Nisard. Hist. de la littérature franç. *Paris*, F. Didot, 1844, 2 vol. in-8, dem. rel.

398. Ouvrages de littérature de Chénier, Lemercier, Lamartine et autres. Ens. 48 vol. diff. form.

399. Saint-Marc Girardin. Not. polit. et litt. sur l'Allemagne. *Paris*, Prevost, 1835, in-8, dem. rel.

400. Schlegel (F.). Hist. de la litt. anc. et mod., trad. par Duckett. *Genéve*, Cherbuliez, 1829, 2 vol. in-8, dem. rel.

401. Villemain (Cours de litt. franç., par). 7 vol. in-8, dem. rel.

Biographie.

402. Daunou (Documents biographiques sur P. C. F.), par M. Taillandier. *Paris*, Firmin Didot, 1847, in-8, dem. rel., port.

403. Erasme (Vie d'). *Paris*, 1757, 2 vol. in-12, cart.

404. Galerie française, ou Coll. de portraits des hommes et des femmes célèbres qui ont illustré la France pendant les seizième, dix-septième et dix-huitième siècles. *Paris*, F. Didot, 1821-23, 3 vol. gr. in-4, dem. rel. v., pap. vél., portr.

405. Léon X (Vie et pontificat de), par Roscoé. *Paris*, 1808, 4 vol. in-8, dem. rel., portr.

406. Michaud. Biographie universelle anc. et mod. *Paris*, 1811-28, 52 vol. gr. in-8, dem. rel. v., it. — Supplément, *Paris*, Michaud, 1832-47, 28 vol. in-8, dem. rel. v. Ens. 80 vol.

407 Timon. Livre des Orateurs. *Paris*, Pagnerre, 1842, gr. in-8, dem. rel., port.

408. Walckenaer (C. A.). Hist. de la vie et des ouvrages de J. de La Fontaine. *Paris*, 1824, in-8, dem. rel., port., fig.

Bibliographie.

409. Aimé Martin (L.). Plan d'une bibliothèque universelle, études des livres. *Paris*, Desrez, 1837, in-8, dem. rel.

410. Brunet (Manuel du Libraire, par). *Paris*, 1820, 4 vol. in-8, dem. rel. — Suppl. au Manuel. *Paris*, 1834, 3 vol. in-8, dem. rel.

411. Michaud. Bibliog. des Croisades. *Paris*, 1822, 7 vol. in-8, dem. rel.

412. Revue des Deux-Mondes, 1859-60, 8 liv. in-8, br.

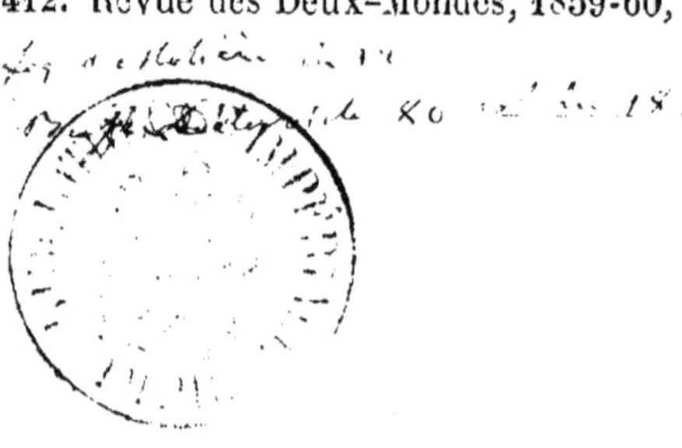